Somos puentes

Jonathan Monserrat

Monserrat, Jonathan Ezequiel

Somos puentes / Jonathan Ezequiel Monserrat.- 1aed.- Martínez

Textos Intrusos, 2021

70p.13, 34 x 20,32cm.

ISBN: 978-987-4495-60-0

1.   Poesía Argentina.I.Título.
CDDA861

SOMOS PUENTES

DEDICATORIA

Este libro reúne una selección de poesías de amor escritas en distintas etapas de mi vida. Su título, "Somospuentes", deriva de una frase
Significativa para mí que leí por una persona especial. Esta obra se la dedico a toda la gente que me conoce
Y me acompaña en cada momento. Agradezco a Hernán, de Textos Intrusos, por su ayuda para concretar este libro.

SOMOS PUENTES

SOMOS PUENTES

Índice

ACERCA DEL AUTOR

Jonathan Ezequiel Monserrat es redactor de textos. Nació en 1990, en Ciudad Autónoma de Buenos Aires. En la actualidad, vive en Agronomía. En 2019, comenzó a estudiar el profesorado de educación primaria.
Desde que tenia, aproximadamente, diez años, le gusta escribir y leer.
"Somos puentes" es su primer libro de poesías. La literature y la educación son dos pasiones en su vida.

Su página web de redactor es:
www.jonathanmonserrat.com.ar

Dedicatoria I

En nuestra cama
Abrazados,
Nos encuentra el alba.
Es testigo de nuestros párpados cansados
Y de la impetuosa delicadeza
Con que besás la comisura de mis labios.
Decís, "buen día, amor"
Mientras tus dedos lascivos
Acarician mi pecho,
Y yo
Remolino tu pelo.

¿Qué más puedo pedir?
Tengo la dicha de este momento
Cada vez que amanezco.
Quedo emocionado,
Al igual que un niño fausto
Tras hallar su juguete favorito,
Cuando en tu mirada descanso.
Ahora,
Quisiera demorar al tiempo
Antes de que el Sol asome por la ventana
Y tengamos que abandonar
Nuestro lecho,
Así contemplarnos con entusiasmo
Rezagando la rutina del día
Mientras afuera algún gorjeo
Irrumpe el grito de nuestros besos.

Dedicatoria II

Deseo amanecer abrazado a tu cintura,
Sentir el efecto apacible de tu mirada,
Tu tacto laborioso y estimulante
Mientras sujeten tus labios mi alma
En un rapto de besos apasionados.
Quiero despertar todos los días
Con la tibieza de tu espalda,
Con el calor que en las sábanas
Dejemos cada madrugada
Después de que el amor
Transpire en nuestra cama.
Ansío que llegue el momento
De disfrutar de tu compañía
Compartiendo cada mañana
El mate y el mismo alba.

¿Qué nos une además de amor?

Cuatro manos inquietas,
Se buscan y se encuentran,
Se sostienen y se miman.
Tus ojos y los míos
Gozan de tocarse
Como si en ese tacto visual
Lo esencial de nuestra vida se revelase.
Nos une el aire,
Los gustos compartidos,
Nuestros colores preferidos
Y la noche cuando nos elegimos.
En una cama, en un banco de plaza
O en cualquier baldosa de la ciudad
Nos une el silencio y las palabras;
Incluso, el dolor y sus disonancias.
¿De qué está hecho nuestro amor?
Si es más que solo besos,
Manos ansiosas,
Cuerpos agitados
Y frases hermosas.
Si es más que sexo,
Más que un sustantivo
Decorando versos
Pronunciándose en exceso.
¿De qué está, entonces, hecho?
No lo sé.

Colibrí

Tu mano guía mi mirada,
Arriba señala.
Como un colibrí se posa
Vertical a tus pechos.
Es el techo de la plaza,
Cuyo aroma a jazmín nos embriaga.
Nuestra ropa el rocío del pasto moja
Y humedece nuestras espaldas.
Tu mano en el aire insiste,
Perdida en el crepúsculo del atardecer,
En concentrar mis sentidos
En cuerpos estacionarios del cosmos.
"Parecen pecas en el cielo,
Hermosas manchas
En la piel de la noche", me decís.
Perduran en el tiempo
Ese sin fín de luciérnagas mudas.
Algunas,
Bailan joviales;
otras,
evidencian su último trance.
Y tu mano serpentea
Coqueteando con la brisa,
Y desciende
Como hojas amarillas.
Ansiosos los segundos esperan
En mi reloj de pulsera
Por el desliz de tus dedos
Por mis laderas.
El colibrí se posa
En mi cara fresca.
Con suavidad picotea
Mi boca inquieta.
Conversan
Tu mano y mis labios

Hasta camuflar sus humedades
Con la de la hierba.

Mates y poesía

Te cebo una poesía
Que inspira el pensamiento
Para que tomés sus versos,
Letra por letra,
Y los sientas en tu cuerpo.
Infusión de deseos,
De tibias palabras.
Dulces intenciones,
A veces,
Amargas emociones,
A veces.
Te cebo de este amor lavado
Experimentado como este río,
Que nos moja los pies
Mientras mateamos
Observando la siesta del atardecer
Que se recuesta en el horizonte
Hasta mañana volver.

Me gustás

Me gustás fugitiva del amor,
Cómplice de mi sexo clandestino.
Me gusta que seas decidida
Y que tu perfume quede en mí.
Me gustan tus caricias desinhibidas
Deslizantes por mi cuerpo,
lentas,
dispuestas a llegar
hasta mi zona de satisfacción.
Admiro tu espontaneidad,
Cómo incomodás la rutina.
Me gusta cuando te liberás
Interrumpiendo el silencio matinal.
Me gusta ese momento mágico
Que se crea entre los dos.
Mientras en la calle arde la ciudad,
Nosotros transpiramos en la habitación.
Como amor entre desconocidos,
Sin pasado ni anillo,
Así me gustás,
Sin previos compromisos
Que nos puedan lastimar.

Besos prohibidos

Caminamos en una cuerda floja
Incitados por la tentación
De nuestros besos prohibidos.
Peligrosa es la obsesión
De estar siempre al límite,
De amarnos en secreto,
De ser los terceros de una relación.
Nos mareamos en la cornisa
Y un vendaval nos arrastró.
La lujuria encandiló
Dos cuerpos débiles
En una habitación.
La prudencia,
En segundos,
Se no solvidó.

Besáme

Besáme ahora,
Quién sabe si mañana
Este momento se repita.
No dudo de nuestro amor,
Pero siento que se enfría
En una cama que hace tiempo
Se desarma solo para dormir.
Insisto en que me besés,
quietamente,
hasta enamorarnos,
otra vez.
Acercáte a mi boca
Y rozá con tus labios los míos.
Quisiera que me besés
Hasta que queden cenizas del Sol.
Dame un beso permanente,
Con carácter e intensidad.
Abrazáme para apaciguar el invierno.
Besáme para en calor entrar
Y así nuestros cuerpos desinhibir,
Y nuestra relación reafirmar.

Jardín sin flores

Cuando nos toca la despedida,
Un trozo de nuestro ser
No acepta la idea de separarse.
Entonces,
Se cuela entre nuestros pensamientos
Para que el adiós sea menos traumante,
Para que extrañar no sea desesperante.
Como un jardín sin flores,
Deshidratados por la falta de tus besos,
Se secan mis labios,
Te reclaman.
Cuando se interpone la distancia
Entre mis manos y tu cuerpo
Domina mimirada
Una sensación taciturna.

Mi destino

Cuando concluya en tus besos,
Será ese beso el más bello.
Así ansioso me acerco
Como si fuese el primero.
Cuando mis manos te acaricien
Querrán perpetuarse en un abrazo,
De esos que traspasan las ropas
Y en la piel quedan grabados.
Mi destino en la vida desconozco,
Pero sé con quién quiero descubrirlo.
Por el momento,
avanzo
dando pasos que me adentran
en tu espacio más íntimo.
Lo que suceda después
Nos será revelado por el tiempo,
Mientras tanto
Invadí ya tu territorio;
Mis balas serán mis besos;
El contraataque, en el dormitorio.
¡Ah!, mejor cerremos la puerta,
Trabemos las ventanas,
Pongamos música
Y caigamos en la cama
Por la gravedad de nuestros cuerpos.

Pacto de libertad

Dame tus manos,
Sostené este amor,
Hagamos que crezca,
Que sea un cedro.
Dame tu espacio,
Pero no tu independencia.
No pretendo invadirte,
Imponer mis urgencias.
Quiero que nos integremos
En una relación
En la que ninguno resigne,
En la que ambos aceptemos
Que cuando ya no haya diálogo posible,
Cuando aparentemos ser felices
Es porque el amor ya habrá muerto
Y no habrá forma de reanimarlo.
Dame tus palabras,
Que hablen sobre vos.
También te contaré de mí,
Así nos conocemos mejor.
Solo te pido,
Impidamos que un día
Nuestras conversaciones sean forzadas
Para hablar por hablar.
Y si llegase aocurrir,
Dejemos que el tiempo defina
Para evitar nosotros sufrir.

Vos

Podría describir,
Demorándome en cada detalle,
El paisaje que me rodea:
Árboles centenarios,
Que dan sombras a las cotorras
En el pasto camufladas;
Niños jugando
Imaginando aventuras heroicas
Mientras corren
Por la plaza;
Personal trainers entrenando
Corredores elongando;
El Sol agotado
Que por los faroles es reemplazado,
Hay mucha gente,
Muchas historias,
naturaleza,
edificios,
pero mis ojos están fascinados
por la imagen de tu cara
que le provoca sensación de plenitud.

Te elijo

Cuando estamos juntos
Mi piel se enamora,
Otra vez,
De tus manos, de su tacto
Y ruega al tiempo
Que se detenga en ese momento
De amor, alborozo y unión.
Sos la mujer que elijo
Cuando amanezco, cuando sueño,
Cuando el mundo se me presenta
En un escenario oscuro
Y cuando la vida es blanca, también.
Te elijo, mujer,
Porque si estás vos, sonrío.
Incluso,
En la distancia,
Aunque no coincidamos
Y peleemos,
Te elijo.
Te elijo,
Con tu bondad, con tus caprichos,
Porque admiro tu insistencia
Para tus planes concretar.
Elijo tu voz
Para que sea mi compañía
Cuando cierre los ojos
Cuando ya no quede ninguna luz encendida.

Hope

Hoy tengo ganas de recostarme
En el pasto de una plaza
Para juntos asistir
A la exposición del cielo nocturno.
Hoy tengo ganas de escribirte
Una canción que hable de nosotros,
De cómo comenzó este amor.
Aquel nueve de octubre
Me pediste que tomara tu mano
Para darte calor.
Con mi tímida mirada
Acudí nervioso a tu pedido,
Te acaricié la mano con temor.
Hoy tengo ganas de pedirte un favor:
Nunca olvidés quiénes fuimos;
Siempre recordálo.
Hoy tengo ganas de que sonrías para mí,
Pero en especial,
Quiero que lo hagas por vos,
Porque la vida no es un día,
Viví valiente y segura de quien sos.

Lo que sos

De mis poesías,
Los versos más honestos.
Cuando duermo,
El sueño que siempre anhelo.
Sos en mi vida
La persona que quiero.
Del tiempo,
Cada hermoso momento.
De mi puerta,
La llave,
Quien direcciona todos mis impulsos.
Para mis ojos,
El mejor paisaje.
Significás tantas cosas,
Generás emociones
Que ni en mil poemas podría describir.
Lo que sos vos para mí
No hay con quien comparar.

Tu voz

Nunca escuché la voz de un ángel,
Pero si alguna vez sucediera,
Estoy seguro de que se oiría
tierna,
cautivadora
como tu voz.

Mi amor

Se hunde la noche en tus ojos
Y en ellos yo.
Recorro
Con decoro
El camino sinuoso
Que resplandece de sur a norte,
De este a oeste.
Hacia tu corazón
iré.
En él dejaré resguardado mi amor
Para que lo cuidés bien.

Cuidarte

En noches de invierno
Refugiándonos de la lluvia
Que insiste en salpicarnos
Y en dejar húmedos nuestros pies,
Te abrazaré.
De mis labios escucharás un suspiro,
Te susurraré:
"Siempre te cuidaré".
Si algún día
Lágrimas hacen camino en tus mejillas
No preguntaré qué pena las provocó;
Te abrazaré
Para que sonrías otra vez.

Pienso en

Pienso en lo hermoso que sería
Que tus ojos fuesen como el mar,
Podría sumergirme en ellos
Y nadar hasta tu profundidad.
Pienso en el silencio de tu boca
Y en mis gritos anestesiados
Por el temor a conversar.
Pienso en la Luna que te alumbra,
Que también me ilumina,
Y me conformo con la patética
idea
de que algo
nos une.
Pienso en el espejo que me observa
Y en el fastidio que me provoca su mirada indecisa.

Magia

Como todos los días
giraba
el mundo aquel octubre.
Como cualquier noche
caminaba
la gente
mientras el destino
preparaba
nuestro encuentro.
Me acuerdo
Lo mágico y hermoso
Del primer beso.
En un bar,
Nuestros miedos abandonamos
Y en una esquina
Poco transitada
Nos sinceramos.
Contra una pared desalineada,
Abrazados con ganas,
Nuestras miradas se pausaron,
dialogaron.
Sentí que el mundo se frenaba,
Que las personas se detenían
Y solo existíamos
Nosotros dos.
Así descubrí que la magia
En tus manos está,
En tu boca,
En tu presencia.

Maga

Todo se ilumina
Cuando ella me mira.
Todo está en calma
Si me abraza.
Estar a su lado
Es sentir la magia
De este amor
Que crece en mí.
Caminando a su lado,
Tomado por sus manos
Soy feliz.
Sus ojos son mi tiempo,
Al mirarlos me olvido
De lo que ocurre
A mi alrededor.
Mi destino es su boca,
A ella me acerco
Quiero besarla
Y quedar eterno así.
Ella es mi maga,
La que me transporta
Hacia una placentera forma de existir.

Conmigo siempre

Si faltaras en mi vida,
En mí
ardería
la cicatriz
por mis lágrimas.
Si algún día sucediera
Que me pidieras
Que me vaya
Yo lo aceptaría
Aunque sintiese la presión
Como si aire faltara.
Ojalá pudieras
Quedarte conmigo
siempre
porque la paz que a tu lado siento
no me la dan otras gentes.
Me siento cómodo con vos,
Aunque a veces
Pensemos diferente.
Entiendo de qué trata el amor
Cuando te tengo en frente.

Te amo

Aprendí que mirándote a los ojos
Mis días son mejores.
Por eso, pienso en ellos
Así tengo motivos para que mi boca
sonría.
Aprendí que en la vida
"amar" es un verbo innegociable,
Y con vos,
Descubrí como conjugarlo
En un presente perdurable: teamo.

Dos tiempos

Hay dos clases de tiempo:
El que pasa
Y el que queda.
El que pasa es ordinario
Sucede sin ruidos
Desde el nacimiento
Hasta la muerte.
Es preso de la invención
Que un día alguien creó.
El tiempo que queda
Sin embargo
Está en las huellas
De tus manos que
Aunque el tiempo que pasa
pase
no borra las caricias
que me has dado.
El tiempo que queda
Importa más que el que pasa,
Porque aunque el tiempo que pasa
pase
tu sonrisa me ríe
aún
en mi memoria.
El tiempo que queda
Es el tiempo significativo,
Porque no está materializado
En un objeto.
El tiempo que pasa
En cambio,
Solo cambia la piel
Pero no cambia al alma.
Es intrascendente
Mientras suceden los pasos de la gente,
El tiempo que queda son las huellas

Que deja alguna gente,
Y así
El tiempo que queda
queda
prendido a nosotros
para siempre.
El tiempo que pasa es cultural;
El que queda, ambicioso,
No se pierde en la cotidianeidad.
En el tiempo que pasa
Se deshacen los discursos amorosos
Y los gestos de compromiso.
En el tiempo que queda
Permanecen las intenciones,
Los sentidos de lo que alguna vez hicimos,
De lo que alguna vez prometimos.
El tiempo que pasa
pasa
como cada día pasa la mañana.
Pero el tiempo que queda
deja
las experiencias de un cuerpo
y el sabor de imborrables momentos.

Poema a Francisco

Ya quisiera que me pidas un cuento
Ya quisiera leertelo.
Ya quisiera ir a tu encuentro,
Que elijamos juntos el cuento
Y leertelo.
Quisiera que interrumpas la lectura,
mientras aumenta tu imaginación
Ya quisiera leertelo
Y que me preguntés
Por ejemplo
"¿Esta qué letra es?"
Ya quisiera contestartelo.
Ya quisiera estar con vos
Ya quisiera leertelo
Antes de que te duermas
Disfrutar los dos
De transitar ese momento juntos leyéndotelo
Compartiendo más que un cuento,
Un vínculo de amor.
Ya quisiera que me pidas "quedate"
Y yo responderte "no me voy"
Porque quiero quedarme
siempre
junto a tu mamá y junto a vos.
Ya quisiera ir a tu encuentro
Y abrazarte hoy.

Nunca olvidés

Nunca olvidés que te amo,
Que en mi abrazo encontrarás el bálsamo
Que aleje de tu alma los miedos.
Nunca olvidés cuánto me importás.
La tormenta será pasajera,
Y el amor se sobrepondrá.
Nunca olvidés que extraño,
Durante las noches solo,
Sentir la tibieza de tu piel.
Nunca olvidés que te amo,
Que de mi vida
Lo más maravilloso
Es vivirla junto con vos.
Nunca olvidés mis poemas
Ni mis cartas ni mis canciones,
Porque yo no olvido
Todos tus gestos de amor.

Dedicatoria III

Aunque seas esa mujer
Quien mis poesías inspiró,
Toca decir "adiós".
Aunque me abrazaras,
La distancia entre los dos
No la marcaría tu cuerpo
Sino lo que siente hoy tu corazón.
Algunas noches
Llegarán en mi jardín invernal
Y quizá la memoria
débil
invite a tu voz
a profundizar la soledad
para decirme las palabras
que de tu boca quisiera oír.
Aunque vuelva a soñar
Con tus caricias,
mujer,
otra noche será,
solo un sueño será,
que al culminar,
me devolverá solo en la realidad.

Dedicatoria IV

Si el insomnio me mantuviera despierto,
Que sea recostado en tu pecho
Para quitar los miedos de mi cabeza
Cuando pienso que la locura me va a dominar.
Si las horas me arrastran hasta la noche,
No quisiera llegar solo en la oscuridad.
Quiero que me ayudes a vencer la vigilia
Y dormir protegido entre tus brazos.
No existe la soledad
Con la presencia de una boca que te ame
Y de un abrazo contenedor.
Pretendo que me acompañes,
Que seas vos
La persona
Con quien caminar a la par.

Nuestra historia

No permitamos que tanto amor
Nos condene
Al tedio de una relación
rutinaria,
en la que los besos pierdan la magia
y los ojos olviden cómo eran
tiernas,
al principio,
nuestras miradas.
No dejemos que el tiempo
Recubra de años la pasión del primer día,
Ni que el amor,
En el futuro,
Se convierta en un adorno decorativo.
No me gustaría sentir mis manos vacías
Si un día tomo las tuyas en busca de calor.
Deseo que nunca nos conformemos con lo que
tenemos,
y que siempre nos preocupemos
(y ocupemos)
Por innovar nuestro amor.
No quiero que nos derrote la monotonía
Ni el desinterés por el otro.
No me gustaría que el tiempo
Pase y seque la raíz de nuestra relación.
No la desgastemos como la ropa vieja,
Esa que guardamos porque no usamos;
Que no quede entre naftalinas.
Cuidemos el hermoso sentimiento
Que nos une.
Quiero que nuestro amor fluya
Como lo hace un río;
Que se deslice por pendientes;
Que se mueva;
Que corra y que choque contra las rocas,

Que salpique todas sus broncas.
Me gustaría que el viento lo manipule
Y lo arrastre hacia destinos insospechados.
Sería bueno que se estanque
Entre algunas piedras
O que se refugie en una cueva,
En donde descanse por un rato,
tranquilo.
¿Y después?
Después que repita el mismo recorrido.
Que caiga,
Que pare,
Que siga,
Que tropiece otra vez,
Que se calme,
Que se enfurezca,
Que se relaje,
Que siempre siga una dirección,
Sin importar cómo está el camino.
A pesar de la inestabilidad,
Que el amor siga resistiendo.

Elegante

Ayer te vi,
Tan tímida,
Tan bella.
Tan parecida a esa mujer,
Quien alguna vez me amó.
Te observé,
Tan callada e indiferente
De mis ojos.
Alguna vez,
Íbamos por las calles
(estas mismas calles)
Tomándonos fuerte las manos
Y hoy estamos tan lejos de tocarnos.
Ayer me viste,
Como si no me conocieses.
Como si dos extraños fuéramos.
Pasaste delante de mí.
El viento roza el cuerpo y se va,
(pero vos ni siquiera me rozaste).
Ayer te vi,
Con esa mirada elegante
Y tu sonrisa fugitiva,
Cómplice de mi soledad.

Secreto

Es inevitable acordarme de vos
Cuando intento pensar en otra cosa,
Cuando sueño
O cuando camino
Deseando encontrarte en la calle.
Últimamente,
Descuido a mi mujer;
Mi amor por ella está frágil,
Como una bola de nieve
Que se quiebra al tocarla.
Tu recuerdo,
Sin embargo,
Es como un pájaro
Que revolotea en mis pensamientos.
Quiero abrirle la jaula al miedo
Y que se liberen mis sentimientos.
Hoy, mientras la miraba,
entendí
que cuando el amor se desgasta
insistir en salvarlo es un acto de masoquismo,
porque lo único que se logra
es lastimarlo.
Los besos y las caricias pueden engañar,
Pero la mirada es transparente
y,
por medio de ella,
el alma expresa
sus verdaderas emociones.
Pienso en vos y sonrío.
Sos quien le pone letra a mi inspiración.
Te llevo conmigo a todos lados,
Sos un secreto que me pesa en el corazón.

Soñé

Anoche soñé con vos.
Tomábamos mates en la plaza
Hasta que la mañana
Con su alarma
Me despertó.
Como si fuese un deja vu
Esta tarde te encontré.
Estabas de espalda
Y pensé en las ganas de hablarte,
Pero no me animé.
Ojalá pueda suceder
Que en algún lugar
De la ciudad
Te vuelva a ver,
Y que el sueño que soñé
Algún día,
quizás,
en la realidad se dé.
Mientras tanto,
Con la imagen me quedaré
De tu cuerpo (en la calle) alejándose.

¿Cómo olvido?

¿Cómo olvido
El fuego de tu cuerpo?
Si todavía hay chispas
De tu incendio
En mis pensamientos.
Decime cómo
La poesía que escriba
Después de lo de anoche
No hable de vos
Si tu piel dejó en mis dedos
La numen
Para escribir los versos que cuenten lo que sucedió.
¿Cómo olvido
Si no quiero?
No me pidas que lo haga
Si no quiero
¿Cómo olvido?
Decime.
Si cuando llegue la noche
Me encontrará bajo la misma Luna
Que anoche espió
Nuestro fuego.

Tengo miedo de la soledad

No quiero un día despertar
Y la cama vacía encontrar.
Tengo miedo de acostumbrarme
A esa soledad.
Tengo miedo de perderte,
Tengo miedo de perderme,
Y de no poderme encontrar.
Tengo miedo de tu ausencia,
Y de que la noche
Me quiera arrastrar
Hacia su lado más sombrío.
Tengo sueños,
Proyectos pendientes
Que junto con vos
Quiero concretar.
Tengo miedo de la soledad
Y no quisiera ante ella
Expuesto quedar
Si un día te vas.

La despedida

Detrás de vos
Mis ganas de sonreír
huyen.
El llanto,
inminente,
me vence.
El silencio,
Después de tu despedida,
Aturde más
Que un grito desconsolado.
Dentro de mí
El aire escasea,
Me sofoca la angustia.

Desenlace

Como ese árbol
Que se siente cascado
Extrañando su fertilidad
Cuando era semilla.
Como sus hojas bailan
Con el viento
Haciendo remolinos
En aires de abril.
Como el Sol juega a la escondida
Con la Luna
Esperando algún día encontrarla.
Esa imagen de vos el espejo devuelve.
La imagen del tiempo huyendo del reloj
Vaciando de vida a la esperanza
Colmando de tristeza mis lágrimas.
Como candelas gastadas
Tus ojos ven un hilo de luz,
Rodeado de oscuridad.
Como un vinilo rayado
Tu voz se oye hablar,
Palabras entrecortadas,
Que pronto se cortarán.
Como mi cigarro se hace cenizas, desaparecés.

Mañana

Quizá mañana se acabe el festival
Del cual fuimos los protagonistas.
Ambos desconocemos las sorpresas del tiempo
pero
mientras dure,
hay que saber cómo vivirlo.
Quizá mañana seas real solo en los sueños
Y poder tocarte sea solo parte de un pasado feliz.
Mañana el viento soplará fuerte
Y en él dejaré volar las tristezas de mi alma.
Pero hoy te tengo, amor,
Tengo las personas y
Las cosas que me hacen falta.
No necesito nada más,
Si aunque tenga poco
El tiempo me demuestra
Que lo tengo todo y
No preciso más.
Dicen que lo esencial es invisible a los ojos
Pero mi esencia está ante mí.

Somos

Estáticos, como el pasado que fuimos.
Fugaces, como el presente que vivimos.
Cambiantes, como el tiempo que nos transforma.
Inalterables, como el vínculo que nos condena.
Distorsionados, como la vida que se multiplica.
Hermosos, como las miradas de quiénes nos crearon.
Somos un bloque de amor
Fragmentado en tres cuerpos hermanados.
Somos melodías unísonas,
Apenas distinguibles.
Cuando nuestras edades crezcan,
Tendremos recuerdos sordos,
Casi sombríos,
De aquellas chispas que se hicieron fuego
Y que,
Un día,
Serán cenizas.
La vida nos transporta en su escalera mecánica
Hacia el precipicio;
Mientras tanto,
Me desplazo junto con ustedes.

La imagen de mi padre

En la imagen de mi padre
Se mezclan
La ternura
De un amor atemporal,
La fuerza insistente
De sus dos manos que transpiran
Sacrificio y trabajo.
En la imagen de mi padre
convive
la herencia que circula
en sus hijos y
el legado sentimental
que enriquece el alma de quienes
lo amamos.
En la imagen de mi padre
Se reflejan los resultados
De un hombre laborioso,
Cuyas decisiones son honestas
A sus convicciones.

Ciclos

En la baldosa,
En donde tus primeros pasos das
Lo recuerdo a él
Emocionado
Parado delante de mí
Sujetando mis manos
Para no dejarme caer.
Supo que ibas a venir
Para estar junto a mí
En la misma baldosa
En donde veo tus primeros pasos dar
Sosteniéndote las manos
Para no dejarte caer.

Acerca de la noche/1

Se desviste el cielo
Esta noche.
Exhibe sin pudor su piel
Sus años y sus cicatrices.
Se desnuda
Ante los ojos del hombre,
Quien la admira y se enternece
Por tanta maravilla expuesta
Ante sus pequeñeces.
La noche inmadura
Es preámbulo de la filosofía
Entre jóvenes que miran al cielo
Y esbozan teorías sobre la vida.
La noche es una isla
De sueños y especulaciones,
De promesas y cócteles.

Acerca de la noche/2

La noche nos abraza
Otra vez
Como el fuego abraza al aire.
Arde la intensidad
Con que manipula las emociones.
Los pensamientos
aprovechan
el silencio de la noche
para que se escuchen más fuerte.

Acerca de la noche/3

Anochece a un ritmo
cruel.
Se alentece el tiempo y
Acelera su marcha el dolor.
De un lado, la vida;
Del otro, la muerte;
Entre ellos, yo.
La noche se adentra en mi cuerpo,
Con la noche me voy.

El día que lo abracé por última vez

Hay días sepultados por el tiempo
En pozos profundos del olvido,
Y aunque lo intentemos,
Jamás recordaremos haberlos vivido.
Desaparecen.
Parecen luces de autos
Que en la distancia son devoradas
Por la oscuridad de la noche.
Esos días,
irrecuperables,
son el fantasma de un pasado
del cual no nos sentimos parte,
como si nunca hubiésemos existido.
También están aquellos sigilosos días
Que se convierten en recuerdos,
Que se anclan en la memoria
Y retumban como campanadas en la cabeza.
Hoy, con mi mano apesadumbrada,
Me acuerdo del día que lo abracé por última vez.
Puedo hasta recordar su voz vencida
Esforzándose por conversar un poco más.
Todavía siento sus brazos
En mis hombros
En aquel pasillo con olor a muerte,
En donde había un silencio de cueva
Por lo que su respiración
Débil
fuerte se oía.
Su abrazo traspasó mi piel,
Acarició mi corazón con su ternura
Y dejó ese momento inmortalizado
Para que así lo recuerde.
El día que lo abracé por última vez,
Él sabía que no habría más abrazos
Ni besos ni palabras de despedida.

Ese día él me dijo por última vez
"te quiero";
Yo no quería soltarlo.

La mirada

Nace y muere dentro de mí
Un grito desesperado
Tras la sigilosa aproximación
De una inquietante mirada,
Que se acerca
Y se detiene
A centímetros de mi cara.
Temeroso,
Cierro mis ojos
Para oscurecer aún más
La noche,
Pero la mirada no desaparece,
Desde mis pensamientos
Me vigila
Con la misma inquietud.
Ella percibe mi angustia,
Quiere tranquilizarme;
Lo logra.
Pretende tocarme;
La siento
En mis pies,
En mis manos.
Desde el sur de la cama,
Un viento recorre mi cuerpo.
Un aire frío paraliza
Mis músculos,
Pero ya no siento miedo.
Ahora quien la busca soy yo,
Se pierde
lentamente
su imagen de mi memoria.
La mirada se esfuma
Como un sueño que el despertar extravió.
Y ahora temo por la noche,
Que avanza sobre mí

Con su impiadosa soledad.

Contra un muro

Contra un muro
La encontrás
Fijo a tus pupilas
Te mira.
Su figura
desprolija
contra un muro acariciás.
No importa el tiempo,
Si contra un muro
Ella permanecerá.
Contra un muro,
Una tinta roja
escribió
"por siempre bella,
Por siempre en mí".
Contra un muro la besás
Separados por el aire que ahoga,
Porque su beso no devolverá.

Maquillaje

Se demora el amor.
Quizá se perdió
O quizá de mí se olvidó.
Lo busco en cuartos de paso
En pieles que no saben amar.
Disfrazo de amor al sexo,
Disimulo que es pasión,
Pero no funciona
No es amor.
En otras bocas desperdicio mis besos
En otras ropas pretendo desaparecer.
Es en vano cada intento
Tu nombre me sigue
En donde esté.
En el jardín platinado
Se derrite la escarcha;
En mí,
La esperanza.
Se oxidan las horas en la pared
Ya se acostumbran mis lágrimas
A las mejillas humedecer.

Es solo vivir

La vida es como un vidrio:
Transparente y frágil.
Está en constante peligro
De quebrarse si alguien
Intentara golpearla.
En cada esquina,
Es el mismo Sol el que nos alumbra.
Todos los pulmones
Se llenan con el mismo aire.
¿Será que no somos tan distintos?
La vida es como una hoja de papel
En la cual escribimos una historia
Con muchas derrotas
Y con algunas victorias.
Vivir es valorar la vida y amar su inestabilidad.
En cada esquina,
El tiempo se pasea veloz;
Nosotros pretendemos alcanzarlo.
Si sabemos que jamás vamos a superarlo,
¿porqué no ir más despacio?

A veces

A veces, el amor se transforma en comodidad
Y uno se convence de la rutina
Que lentamente erosiona una relación.
A veces (muchas veces)
Uno es torpe
Porque confiado transita la vida
Hasta tropezar con una baldosa
Con la que ya lo había hecho antes.
Sucede que a veces
A uno le agarra el vicio por la piel
Y el aroma de otra persona
Y le es imposible no ir hacia el fuego
Aunque sepa que se quemará.
A veces los pensamientos
traicioneros
llenan de inciertos la mente,
y hay veces cuando uno siente
la marea calma
cuando descubre en otros ojos
la paz.
A veces,
Helados besos y en la cama sexo,
Y el amor real espera en suspenso.
A veces te amo,
A veces me temo,
Quizás es miedo
Por quererte aún más.
A veces te olvido
Pero me olvido
Y vuelve tu voz
A resonar en mí.

Atracción

No logro desviar mi mirada
De esos ríos de oro,
Recorren tu cabeza
Te embellecen,
Y aún más tus lunas que
Me transportan hacia un pensamiento
De fantasías.
Te sigo mirando,
Mi imaginación continúa alimentándose
Con la ternura de tu boca.
Tu cuerpo es arte.
Me fascina este momento de intimidad:
Mi corazón se desnuda,
Se quita la vergüenza,
Empieza a adorarte
(cada latido un poco más).
Y vos y tu alma
Me gritan
A través de tus gestos.
Me pedís que me acerque;
yo,
encandilado por tu paisaje,
lo hago.

El corazón de un hombre

El corazón de un hombre
También sufre, mujer.
Acumula impotencia,
Se siente funesto,
Se angustia exageradamente
Y llora en soledad
Como el de usted.
Eldolor es un sentimiento unisex,
Que viste tanto al varón como a la mujer.
Nadie escapa de su ley:
El amor, a veces,
desilusiona.
Debería ser castigado
Por sus injurias y desdichas.
Se dice que el corazón madura
Por tantos dolores sentidos,
Pero en la memoria de la piel
Sus cicatrices perduran.
Es un musculo
vital
para funciones del organismo
humano,
pero demuestra ser débil
el corazón
cuando se trata de cuestiones amorosas.

La playa

Las estrellas traviesas dibujan figuras en el cielo;
El viento, mientras, produce una sutil melodía
Que enternece mi memoria. Las olas
Percuten violentamente contra unas rocas
Y salpican a los caminantes que,
Con pequeñas ramas,
Dejan sus huellas en la arena.
Yo,
Inclinado sobre el muelle,
Soy espectador de esas parejas que se besan
Y se abrazan
Sin pudor a pronunciar un te amo.
Y ella me mira;
La beso y luego dirijo mi mirada hacia el cielo
Para imaginar que está inclinada, también,
En este muelle.
Mis dedos acarician una fotografía
Que dejó inmortalizada su joven figura,
Y a su lado hay un adolecente
Enamorado
Que, cuarenta años después,
Se parece poco a este hombre avejentado que soy.